Verlag Gottfried Bernard
Heidstraße 2a
42719 Solingen
E-Mail: info@gbernard.de
Internet: www.gbernard.de

Die Bibelzitate sind der Lutherübersetzung oder
„Hoffnung für alle" (jeweils gekennzeichnet) ent-
nommen.

Grafikdesign: Daniel Bernard, Magdala/Th.
Satz: Stefanie Riewe - Mediengestaltung,
        Magdala/Th.

Druck: Müller Fotosatz & Druck GmbH,
        95152 Selbitz

Printed in Germany

ISBN: 978-3-941714-55-7

Best. Nr.: 175555

Evelyn Wehrmann-Jablonski

Sorgen ade

Evelyn Wehrmann-Jablonski

Sorgen ade

Verlag Gottfried Bernard
Solingen

Wir haben Evelyn während eines Gottesdienstes im Jesus Centrum Kassel kennengelernt.
Sie predigte so lebendig und authentisch, dass wir tief berührt waren. Uns beiden kam gleichzeitig der Gedanke „Das müsste in gedruckter Form erscheinen, damit viel mehr Menschen von dieser ansteckenden und ermutigenden Botschaft erreicht werden und profitieren können!"

Zu unserer großen Freude war Evelyn ebenso begeistert von der Idee, eine Themenreihe zu publizieren.

Nun liegt das erste Büchlein in Ihren Händen! Wir beten und hoffen, dass Sie beim Lesen Gottes reichen Segen erleben.

Gottfried und Elisabeth Bernard

Inhalt

Vorwort

Evelyn Wehrmann-Jablonski kenne ich persönlich schon seit vielen Jahren als eine Frau, die einen unerschütterlichen Glauben in Gottes Treue hat.

In ihren Verkündigungen verbindet sie in hervorragender Weise unser alltägliches Leben mit dem Himmlischen und führt den Zuhörer damit in eine gesunde Balance. Ich bin begeistert darüber, dass sie ihre ermutigenden Botschaften nun in gedruckten Worten weitergibt und dadurch noch mehr Menschen gesegnet werden. In dieser wertvollen Lektüre wird deutlich, dass wir das Thema Sorgen ein für alle Mal in den Griff bekommen können. Evi erzählt aus ihrem Alltag und ist dadurch nahbar und authentisch für den Leser. Sie beschreibt, wie wir durch tägliches Training „Sorgengeister vertreiben" oder anders ausgedrückt, im „Keim ersticken" können.

Wird dies nach einer gewissen Zeit für uns zur segensreichen Gewohnheit, werden wir in eine bessere Lebensqualität und höhere Glaubensdimension hineingeführt.

Sabine Jordan,
Leitungsteam Jesus Centrum Kassel

Einleitung

„Was ist, wenn…?"

Es gibt wohl keinen Menschen auf dieser Welt ‚der älter ist als ein Kindergartenkind und der diesen Satz noch nie gedacht oder ausgesprochen hätte!

„Was ist, wenn …

> *… Mama mich vergisst und nicht vom Kindergarten abholt?"*

> *… ich die Mathearbeit verhaue und sitzen bleibe?"*

> *… ich den Ausbildungsplatz doch nicht bekomme?"*

> *… mir auch gekündigt wird und ich dann den Kredit fürs Haus nicht mehr bezahlen kann?"*

> *… mein Mann mich verlässt?"*

> *… ich meinen Haushalt nicht mehr alleine schaffe, wenn ich pflegebedürftig werde …?"*

Diese Aufzählung könnte man sicher unendlich weiterführen und jeder Mensch hat seine ganz eigene *„Was ist, wenn…?"*- Liste .

SORGEN sind real, sie sind nicht „albern, eingebildet oder nur etwas für schwache Menschen". Männer und Frauen aus allen Nationen und allen Gesellschaftsschichten kennen und leiden unter sorgenvollen Gedanken. Es gibt so viele Nöte, Krankheiten und scheinbar ausweglose Situationen, die das Sorgen machen wirklich begründen.

Selbst Jesus kannte quälende furchtsame Gedanken, während er als Mensch auf dieser Erde war.

(Matthäus 26, ab Vers 36)

Gott weiß um unsere Sorgen, ER nimmt unsere Angst, Unruhe und Hilflosigkeit ernst und bietet uns SEINE Hilfe an:

„Alle eure Sorge werft auf IHN (Gott),denn er sorgt für euch !"

(1.Petrus 5,7)

Dieses Büchlein ist keine theologische Abhandlung zum Thema „Sorgen". Es soll viel mehr eine kleine Hilfe geben, mit den vielfältigen Sorgen unseres Lebens leichter und schneller fertig zu werden. Ich möchte mit Gedanken und Beispielen aus meinem eigenen Leben, Mut machen, GOTT die Sorgen abzugeben und ihn beim Tragen unserer Lasten helfen zu lassen.

Man kann es regelrecht trainieren, *Sorgen loszulassen und abzugeben*. Mit jedem kleinen Erfolg wird man mutiger und erfolgreicher darin, beim nächsten Mal wenn Sorgen anklopfen, ihnen die Tür zuzuhalten und sie gar nicht erst hereinzulassen.

Zu diesem „Training" möchte ich Sie ermutigen!

Kapitel 1

„Ich weine erst, wenn der Hund tot ist!"

Beim morgendlichen Hundespaziergang traf ich regelmäßig eine alte Dame mit ihrem ebenso alten Hund. Jedes Mal wenn wir ins Gespräch kamen, erzählte sie mir, dass sie sich große Sorgen um ihre geliebte Boxerhündin Lotte machte. *„Lotte ist krank und alt, sie wird bestimmt bald sterben! Ich hänge so an ihr und kann mir gar nicht vorstellen, wie es ohne sie sein wird!"* Sie malte sich immer wieder in Einzelheiten aus, wie schwer es für sie werden würde, wenn der Hund tot sei.

Einige Wochen später, Lotte lebte noch und lief treu wie immer an ihrer Seite, teilte mir die alte Dame mit, dass sie jetzt aufgehört habe, sich im Vorfeld Sorgen um ihren Hund zu machen. Sie sagte: *„Ich weine erst, wenn der Hund tot ist, das ist früh genug und damit geht es mir jetzt besser!"*

Lotte hat noch fast 2 Jahre gelebt und ihrer Besitzerin viel Freude gemacht.

Weil sie mich so bewegt hatte, erzählte ich meiner Familie von dieser Hunde-Begegnung. Der Ausspruch: „Ich weine erst, wenn der Hund tot ist!" ist bei uns mittlerweile zum geflügeltem Wort geworden, wann immer sich jemand mit Sorgen beschäftigt. Dieser Satz war auch ausschlaggebend dafür, dass ich mich mit dem Thema „Sorgen" intensiver beschäftigt habe und nun dieses Heftchen schreibe.

SORGEN sind wie kleine und große Steine im Herzen, die uns belasten, bedrücken, manchmal sogar erdrücken und am Laufen, Atmen und Leben hindern. Nichts wird so schnell dick und groß wie Sorgen, nichts bekommt so schnell Nachwuchs! Kaum hat man sich mit einem Sorgengedanken beschäftigt, sind in kürzester Zeit mehrere kleine neue Sorgen geboren, die alle Aufmerksamkeit einfordern. Die Sorgenfamilie ist groß und hat viele Mitglieder.

Kapitel 2

Was sind Sorgen ?

SORGEN werden definiert als Kummer, Gram, Unruhe, Angst, quälende Gedanken, kurz: *alles, was bedrückt und belastet.*

SORGEN sind angstvolle Gedanken um geliebte Menschen, Geld, Gesundheit, Beruf, Politik, auch familiäre Spannungen, ungelöste Probleme, unvergebene Schuld, Sorge um den eigenen Ruf, Versagen, auch um Kleidung, Wetter, Speiseplan … alles, was mich unruhig macht und in Gedanken beschäftigt.

SORGEN *meinen nicht,* „Fürsorge, Umsorgen, Vorsorge" im positiven Sinne, *meint nicht* eine gesunde Vorsorge für oder Vorbereitung auf eine Situation. Es ist ratsam, sich auf eine Prüfung, einen Auslandsaufenthalt oder auf eine Lebensphase gut und besonnen vorzubereiten. Dazu ist es wichtig und richtig, sich im Vorfeld mit der Situation angemessen und weise zu beschäftigen.

SORGEN *ist ein angespanntes aktives Erwarten, dass das negativ Erdachte eintritt.*

Ich erdenke mir den schlimmsten Fall, sinne schon im Vorfeld darüber nach, male mir das Böse, Bedrohliche aus und sehe vor meinem inneren Auge, was passieren könnte. Es ist noch nicht eingetroffen, aber ich trage schon in mir, wie es sich anfühlen könnte, wenn es tatsächlich passiert. Das bestimmt dann mein Fühlen, Denken und Handeln.

Wenn meine Tochter abends im Dunkeln alleine unterwegs ist, male ich mir aus, wie sie überfallen wird; wenn mein Sohn mit dem Auto auf der Autobahn unterwegs ist, sehe ich einen schweren Unfall vor meinem inneren Auge; wenn mein Mann Schwierigkeiten mit seinem Chef hat, bin ich gedanklich schon beim Verlust seines Arbeitsplatzes und wir stehen unversorgt da; wenn meine Nachbarin mich mal ausnahmsweise morgens nicht grüßt, sinne ich sofort darüber nach, ob sie etwas gegen mich hat; wenn mein Rücken schmerzt, sehe ich mich schon mit einem Bandscheibenvorfall auf dem OP-Tisch liegen, …

Ich bleibe an diesen Gedanken hängen, halte sie fest, beschäftige mich ausgiebig mit ihnen, bewege sie hin und her und bemerke meistens zu spät, wie sie mich knechten, quälen und regelrecht fesseln.

Oft treffe ich beim Spaziergang Hundebesitzer, die ihren Hund an einer sogenannten „Langlaufleine" halten. Der Hund darf sich in einem relativ großen Radius vom Herrchen entfernen. Wenn die abgespulte Leine allerdings am Ende ist, gibt es einen kräftigen Ruck und der Hund wird zurückgezogen. Es ist für den Hund nur eine vorgespielte Freiheit …
Ähnlich ist es mit den Sorgen: Sie legen uns, oft sogar unbemerkt, eine Leine an und holen uns immer wieder mit einem Ruck zurück. Wenn wir uns nicht von den Sorgen bewusst „ableinen", bleiben wir angebunden.

„Denn von wem (oder was) jemand überwunden ist, dessen Knecht ist er geworden."
(2. Petrus 2,19 b)

Das bedeutet, ich lasse mich von einer Sorge überwältigen, beherrschen und werde ihr Gefangener.

Sorge wird schnell zur Furcht oder Angst.

Wir Deutschen haben in unserem Sprachgebrauch den ständigen Zusatz „ nicht, dass ....“!

„Zieh dich warm genug an, nicht dass du dich noch erkältest!“
„ Geh auf dem Bürgersteig, nicht dass dich ein Auto anfährt!“
„Mach das lieber genauso wie alle anderen, nicht dass du dann allein da stehst!“

Wir sind darin geübt, zu jeder passenden Situation , die mögliche Gefahr mit zu benennen und sofort darauf aufmerksam zu machen. Wir erziehen uns selbst zum Sorgen und unsere Kinder gleich mit. Wir halten unsere Träume und Wünsche aus Angst vor möglichen Enttäuschungen klein.

Sorgen prägen und beeinflussen schon die kleinsten Entscheidungen des Alltag:

Ich pflanze besser gar keine Blumen, sie könnten durch einen plötzlichen Nachtfrost erfrieren oder durch Dauerregen verfaulen. Ich verzichte auf die Anschaffung eines Haustieres, aus Angst vor Krankheit oder dessen

Tod. Ich plane lieber gar nicht erst ein Gartenfest, es wird sowieso wieder regnen.

Manche Menschen binden sich nicht mehr, aus Angst, eine weitere Beziehung könnte erneut scheitern. Einige entscheiden sich bewusst gegen Kinder aus Angst vor eigenen schlimmen Erziehungsfehlern, weil sie sie bei so vielen anderen beobachten können.

So halten wir uns und andere oft begrenzt und bringen uns um so viel Lebensfreude und gute Erfahrungen.

SORGEN *verhindern nichts und bewirken keine Veränderung der Situation.*

Statistisch gesehen treffen nur 20 % der Sorgen im täglichen Leben überhaupt ein, also sind 80% der Sorgen umsonst.

> *„Ein fröhliches Herz tut dem Leibe wohl, aber ein betrübtes Gemüt lässt die Gebeine (Körper) verdorren."*
>
> *(Sprüche 17,22)*

„Ein Betrübter hat nie einen guten Tag, aber ein guter Mut ist ein tägliches Fest."

(Sprüche 15,15)

Kurz gesagt meinen diese Verse nichts anderes als *„Gelassenheit und Freude halten gesund, Sorgen machen krank!"*

Um dieses Thema „Sorgen" bei einem Frauenfrühstück anschaulicher zu machen, habe ich vor der Veranstaltung ein Stoffherz genäht, mit einer kleinen Öffnung zum Befüllen. Dieses Stoffherz habe ich mir um den Hals gehängt und nach und nach mit unterschiedlich kleinen und großen Steinen gefüllt, die symbolisch für unsere täglichen Sorgen und Ängste standen. Dadurch wurde das Stoffherz schwerer, ich konnte nicht mehr aufrecht gehen, mein Nacken schmerzte und mein Blick ging nur noch zum Boden. Aufblicken war einfach zu schwer mit dieser Last um den Hals.

Dieses Gefühl von Belastung und Beschwerung durch Sorgen konnte jede Frau nachempfinden. Jede Einzelne hatte genau das selbst schon mehrfach erlebt.

Da sind schon allein diese vielen kleinen Sorgensteine, die mir den Alltag schwer machen:

„Was mache ich bloß, wenn es morgen doch regnet und ich habe den ganzen Kindergeburtstag im Garten geplant?"

„Ich habe mich gestern so blamiert , was denken die jetzt von mir?"

„Hoffentlich reicht das Essen für die große Feier, wie peinlich wäre es, wenn nicht jeder satt würde?"

Jeder kennt das: Man grübelt an den alltäglichen kleinen Dingen herum und sorgt sich darüber, ist angespannt, lässt sich sogar den Schlaf rauben. Eigentlich weiß man, dass diese Sorgen nichts bringen, oft auch unnötig oder regelrecht belanglos sind, dennoch kann man nur schwer aus dem Gedanken-Karussell aussteigen.

Wie viel belastender sind erst die großen Sorgensteine: die schwere Krankheit eines geliebten Menschen, Geldnot, Verlust des Arbeitsplatzes oder zermürbender Streit oder Uneinigkeit mit dem Partner, den Eltern, den Kindern. Für viele Menschen wird auch die Menschenfurcht *„was denken die anderen über* *mich?"* und die ständige Frage: *„wie soll ich das alles bloß schaffen?"* zur großen, quälenden und drückenden Last im Herzen.

Alle diese Steine haben Auswirkungen auf Körper, Seele und Geist. Sie bestimmen erst meine Gedanken, dann die Worte und natürlich auch meine Entscheidungen und mein Handeln.

Dauerhafter Kummer und Sorgen haben nicht selten Schlafstörungen, schlechte Laune, Unruhe, Nervosität, Angst, einen gebückten Gang, Atemprobleme, Rücken- und Magenschmerzen, Herzprobleme und nicht zuletzt Depressionen im Gepäck.

Sorgen werden manchmal zu Gefängnismauern um mein Herz und meine Seele.

Dieses Wissen machen sich auch die vielen Versicherungsfirmen zu Nutze. Sie bieten unzählige Versicherungen an und versprechen uns durch ihre „Rundum-Sorglos-Pakete" ein sorgenfreies Leben.

Was für ein Trugschluss ... !

Kapitel 3

GLAUBE - das Gegenteil von Sorge und Furcht

GLAUBE *ist die Erwartung, dass das Gute eintrifft, dass GOTT über der jeweiligen Situation wacht, sie in der Hand hält, eingreift und es gut werden lässt.*

GLAUBE und SORGE / FURCHT schließen sich gegenseitig aus.
Wo das Eine ist, kann das Andere nicht sein!

Viele Menschen behaupten, Angst oder Furcht sei ein natürlicher Schutzmechanismus, der aus den Anfängen der Menschheit übrig geblieben sei und der uns auf angreifende Menschen oder Tiere vorbereitet und angemessen reagieren lässt.

Andere sagen, eine gewisse Furcht vor bestimmten Situationen schütze uns vor falscher Selbstsicherheit, Selbstüberschätzung und Arroganz.

Diese Art von Furcht würde ich eher als gesunden Respekt oder Ehrfurcht vor Menschen und Situationen bezeichnen.

Ausgeprägtes Sorgen oder Furcht sind kein göttlicher Schutzmechanismus! Ich glaube es ist eine Taktik des Gegenspieler Gottes, Satan, der uns mit Sorgen und Furcht quält, uns innerlich beschäftigt und Freude und Lebenskraft raubt.

> *„Furcht ist nicht in der Liebe, sondern die vollkommene Liebe (= GOTT selbst) treibt alle Furcht aus!"*
>
> *(1.Johannes 4,18)*

> *„Gott hat uns nicht den Geist der Furcht gegeben, sondern der Kraft, der Liebe und der Besonnenheit!"*
>
> *(2.Timotheus 1,7)*

Wir leben als Menschen nicht mehr im Paradies. Wir leben in dieser Welt, in der es Furcht, Angst, Sorge und Verzweiflung mehr als genug gibt. GOTT weiß und sieht das! Ich muss diese Tatsache auch als Christ nicht schön reden, verdrängen oder totschweigen, darf mich ihr stellen. Es wird mir auch niemals gelingen, vor den Sorgen dieser Welt wegzulaufen oder zu versuchen, alle äußeren Verhältnisse, die mir Angst einflößen, zu beseitigen.

GOTT hat das einzige Gegenmittel zu Sorgen und Furcht: Es ist der **GLAUBE**.

Die Definition des Wortes „*glauben*" geht laut Duden, Herkunftswörterbuch, zurück auf germanisch: lieb halten, gutheißen, für wahr halten, annehmen, auch: das freundschaftliche Vertrauen eines Menschen zur Gottheit.

Es gibt unzählige Verse in der Bibel, die uns Mut machen, bei unsrem Vater im Himmel Halt, Schutz, Zuversicht und Stärke für alle unsere angstmachenden Herausforderungen im Alltag zu suchen. Diese Ermutigungen zeigen uns, dass ER genau weiß, wie sehr wir Menschen unter Angst und Sorgen leiden.

Es gibt mehr als 350 Mut machende Verse gegen Angst und Sorge. Immer wieder heißt es in der Bibel *„Fürchte dich nicht!"*

Wir Menschen schreiben Karten oder Nachrichten, um uns gegenseitig zu ermutigen, wenn wir schwere Zeiten durchleben oder herausfordernde Situationen vor uns haben. GOTT schenkt uns solche persönlichen Ermutigungen in Form von Bibelversen. Die Bibel ist voll mit Aufforderungen und Angeboten Gottes an uns, bei ihm Halt und Stärke, Zuversicht und Trost zu suchen und zu finden.

„Wirf dein Anliegen auf den HERRN, ER wird dich versorgen!"
(Psalm 55,23)

„Hoffet auf ihn allezeit, liebe Leute, schüttet euer Herz vor IHM aus, GOTT ist unsere Zuversicht!"
(Psalm 62,9)

„Fürchte dich nicht, ich bin mit dir!"
(Jesaja 4,10)

Im Anhang finden Sie eine Liste von Zusagen GOTTES (Bibelverse) an uns.

GLAUBE *ist kein positives Denken, sondern gewachsenes Vertrauen auf GOTT.*

GLAUBE ist das tiefe Empfinden in mir, dass da einer ist, GOTT, der es gut mit mir meint und mich liebt, der größer ist als ich selbst, der alles in der Hand hält und eine Lösung für jedes meiner Probleme parat hat.

GLAUBE ist nicht Wissen oder Beweisen, es ist Vertrauen und Erleben, dass GOTT da ist.

Oft beginnt der Glaube mit einer Entscheidung vom Kopf: *„Ich will glauben!"*

Es beginnt ein Prozess, wenn ich in GOTTES Angebot einschlage, mich auf ihn einlasse und ihn erlebe. Wenn ich einen neuen Menschen kennenlerne und mich mit ihm anfreunde, gehe ich ein Wagnis ein. Ich muss nach und nach erleben, dass es dieser Mensch gut mit mir meint. Je häufiger ich erlebt habe, dass er zu mir steht und ich mich auf ihn verlassen kann, desto tiefer und stabiler wird unsere Beziehung und Freundschaft.

Mit Gott ist es genauso: Mein Glaube geht voran. Vertrauen wird wachsen und sich verfestigen, je öfter ich etwas Gutes mit GOTT erlebe, je mehr ich mich mit ihm beschäftige und ihn kennenlerne.

GLAUBE ist immer ein Vorschussgeschäft, aber es wird reich belohnt, denn GOTT ist absolut treu!

„Denn GOTT ist treu!"
(1.Kor.1,9 + 2.Thessalonicher 3,3)

Ich kann meinen Glauben stärken und ernähren, indem ich mir Mut machende Bibelverse, sowie gute Erfahrungen und Erlebnisse mit Gott aufschreibe, vielleicht sogar Verse auswendig lerne oder sie mir in meiner Küche, meinem Büro oder Wohnzimmer aufhänge. So stehen sie mir immer vor Augen und erinnern mich daran, dass GOTT da und jederzeit bereit ist, mich, im Kampf gegen meine Sorgen, zu unterstützen.

Die Bibel fordert uns in Sprüche 4,23 auf :

„Behüte dein Herz mit allem Fleiß, denn daraus quillt das Leben!"

Eine neuere Übersetzung, die „Hoffnung für alle",
drückt diesen Vers so aus:

> *„Achte auf deine Gedanken und Gefühle, denn*
> *sie beeinflussen dein ganzes Leben!"*

Wir sind also beim Schutz unseres Herzens selber
gefragt!

Kapitel 4

Wie kann ich die Sorgen bekämpfen ?

Martin Luther hat den bekannten Satz gesagt :

„ Ich kann nicht verhindern, dass Sorgen wie Vögel um meinen Kopf kreisen, aber ich kann verhindern, dass sie dort ein Nest bauen!"

Ich darf hinsehen, die Sorgen erkennen, entlarven, benennen. Aber ich muss ihnen nicht ein gemütliches Nest bauen, sodass sie bequem und dauerhaft bei mir wohnen.

Dass Sorgen kommen, kann ich nicht verhindern. Es wird in meinem Leben immer wieder sorgenvolle Momente geben, Situationen, die mich herausfordern, die mir Angst machen, die mir manchmal sogar den Boden unter den Füßen wegziehen wollen. Wichtig ist dann, dass ich mich nicht treiben lasse von den Sorgen vor dem, was kommen und aus den Schwierigkeiten alles noch erwachsen könnte.

Nicht die Sorgen herrschen über mich, sondern ich herrsche über sie!

Ich kann ihnen aktiv den Kampf ansagen, sie im Zaum halten und mitbestimmen, ob sie wachsen und gedeihen oder eingehen.

Anfangs hatte ich erwähnt, dass **SORGEN** meint, dass ich mir im Vorfeld ausmale, was an Schlimmem und Bedrohlichem eintreffen könnte. **SORGEN** kann ich dann also wirksam bekämpfen, indem ich den Spieß umdrehe und mir im Vorfeld einer angst- und sorgenvollen Situation genau ausmale, wie es gut ausgehen wird! Ich erdenke mir in allen Einzelheiten das Gute, wie Jesus selbst in dieser Situation dabei ist, alles regelt und ein „Happy End" folgen wird.

Wenn ich mir also wieder mal große Sorgen um die Sicherheit meiner Tochter mache, die in der Nacht vom Bahnhof alleine durch die Stadt nach Hause laufen wird, stelle ich mir bildlich vor, wie Engel sie begleiten, an ihrer Seite gehen und alle in die Flucht schlagen, die ihr zu nahe kommen wollen. Diese Vorstellung lässt mich ruhig werden und verdrängt die Sorgen aus meinem Herzen. Noch kraftvoller ist es, diese Gedanken nicht nur zu denken, sondern sie als Segen laut auszusprechen.

z.B. „Ich stelle …unter Gottes persönlichen Schutz! Die Engel Gottes werden an ihrer Seite laufen, sie an der Hand halten und alle möglichen Angreifer in die Flucht schlagen! Nichts und niemand darf ihr etwas Böses antun und sie wird heil und gesund zu Hause ankommen!"

Dieses Ausmalen von positiven Geschehnissen kann man einüben und in allen Sorgensituationen anwenden. Ich segne mein Gegenüber oder spreche in die jeweilige Situation, um die ich mir Gedanken mache, den positiven Ausgang und das Eingreifen Gottes hinein. Ich glaube den Worten GOTTES, die ER mir in der Bibel zusagt.

„Wirf dein Anliegen auf den HERRN, ER wird dich versorgen!"
(Psalm 55,23)

„Bei GOTT sind alle Dinge möglich!"
(Matthäus 19,26)

*„Denn ER hat seinen Engeln befohlen, dass sie
dich behüten auf allen deinen Wegen!"*
(Psalm 91,11)

Gebet ist die Tür aus dem Gefängnis unserer Sorgen
(H. Gollwitzer).

Eine Karte mit diesem Spruch hängt seit Wochen
an meiner Küchenwand und erinnert mich immer
wieder daran, dass Gott mir durch das Gebet eine
großartige und wirksame Möglichkeit gibt, aus dem
Sorgengefängnis auszubrechen.

In Matthäus 28,18 sagt Jesus:

*„Mir ist gegeben alle Macht im Himmel und
auf Erden!"*

Dieser starke Herr, Jesus Christus, ist bei mir und
schickt seine Engel los um mir zu helfen und mich
zu beschützen.

Deshalb darf ich zuversichtlich beten und aussprechen:
*„Jesus, sei du selbst morgen bei meinem Vorstellungs-
gespräch dabei und gib du mir die richtigen Worte.*

*Ich werde ruhig, klar und deutlich sprechen können,
nicht stottern ,weil du, HERR, mir dabei hilfst …!"*

*„Ich werde morgen genug Kraft für den Tag mit allen
Anforderungen haben. Gott selbst wird mir die nötige
Kraft und Ausdauer schenken und bei mir sein. Ich
werde eine Sache nach der anderen abarbeiten und
abends staunen, was ich alles erledigen konnte ! Herr,
hilf du mir, sende mir deine Engel zur Hilfe …!"*

Damit übergebe ich GOTT die jeweilige Sorgensi-
tuation und überlasse ihm die Verantwortung für den
Ausgang. Bildlich gesprochen gebe ich die Steine aus
meinem Herzen an GOTT ab und bitte ihn, sie für
mich zu tragen. Sie sind dadurch nicht gleich ver-
schwunden, aber ich habe sie an den stärksten Träger
der Welt übergeben und überlasse ihm die Last.

*„Alle eure Sorge werft auf IHN, denn ER sorgt
für euch!"*
(1.Petrus 5,7)

Vielleicht denken Sie jetzt: *„Na ja, so einfach ist das
aber auch nicht!"*

Stimmt, einfach ist es nicht, denn es kämpfen immer die negativen, ängstlichen Gefühle in mir gegen die positiven, göttlichen Gedanken, die aufkeimen wollen. Aber Gott fordert uns in seinem Wort an mehreren Stellen auf, über unsere Gefühle und Gedanken „zu herrschen".

„Alles menschliche Denken nehmen wir gefangen und unterstellen es Christus!"

(2. Korinther 10,5 b – „Hoffnung für alle")

Eine Gefangenahme ist meistens anstrengend, denn das Gegenüber wird sich sicherlich wehren und nicht ohne Widerstand aufgeben. So ist es auch mit den Sorgen, die ich besiegen will. Sie werden den guten, heilvollen Gedanken das Feld nicht ohne Widerstand überlassen.

In den Psalmen sprechen die Beter oft ihre Seele direkt an und geben ihr Anweisungen!

„Was betrübst du dich, meine Seele, und bist so unruhig in mir? Harre auf Gott; denn ich werde ihm noch danken, dass er meines Angesichts Hilfe und mein Gott ist!"

(Psalm 42,12)

Gott spricht mir in der Bibel seinen Schutz und seine Hilfe zu. Er fordert mich auf, daran festzuhalten, zu glauben und anzunehmen. Die Schreiber der Psalmen haben immer wieder ausgedrückt, wie sie Gott darin erlebt haben.

„Als ich den Herrn suchte, antwortete er mir und errettete mich aus aller meiner Furcht!"

(Psalm 34,5)

„Wer unter dem Schirm des Höchsten sitzt und unter dem Schatten des Allmächtigen bleibt, der spricht zum Herrn: Meine Zuversicht und meine Burg, mein Gott, auf den ich hoffe!"

(Psalm 91,1)

Wenn ich Gottes Zusagen in der Bibel ernst nehme, darf ich sie auch für meine jeweilige Situation annehmen und über ihr aussprechen. Oft reicht es allerdings nicht, es nur einmal auszusprechen: Man muss das mehrmals tun, denn Sorgen sind sehr hartnäckig und versuchen immer wieder neu, sich „ein Nest zu bauen". In solchen Momenten hilft es mir sehr, wenn ich gemeinsam mit meinem Mann oder einer guten

Freundin die Sorgensteine benennen und an Gott übergeben kann. Mein Gebetspartner wirkt dann wie ein Zeuge und macht meine „Sorgenübergabe" noch wirksamer.

Manchmal bin ich innerlich unruhig über einer Situation, habe ein komisches Bauchgefühl und bin angespannt, ohne dass ich genau sagen könnte, welche Last mich da eigentlich so sehr drückt.

Ich habe eine interessante mehrtägige Fortbildung vor mir, auf die ich mich sehr freue. Trotzdem habe ich ein flaues Gefühl im Magen und es kommt keine rechte Freude auf. Warum kann ich gar nicht genau sagen. Als ich mir Zeit nehme, darüber nachdenke und mit Gott spreche, habe ich plötzlich das Bild meiner Einschulung vor Augen: Ich stehe auf dem Schulhof inmitten einer großen Schar fremder Kinder und fühle mich unsicher und verlassen. Ich traue mich nicht, jemanden anzusprechen, fange an zu weinen und werde dafür ausgelacht.

Warum fällt mir diese Situation ein?

Mir wird klar, dass ich auch heute noch als Erwachsene, die selbe große Angst vor Unsicherheit und Ablehnung habe, wie damals als 6-Jährige auf dem Schulhof.

Jetzt kann ich diesen Sorgenstein benennen und konkret an Gott übergeben. Ich darf darum beten und mir ausmalen, wie Gott selbst seine Engel losschickt und sie mit mir auf der Fortbildung sind. Ich bin nicht allein in der fremden Menschenmenge.

Eine weitere große Hilfe bei alltäglichen Sorgen ist es, wenn man kurz darüber nachdenkt, was denn der „schlimmste Fall" wäre. Dann kann man im Vorfeld eine passende Strategie entwickeln und damit der Panik regelrecht vorbeugen und der Angst machenden Situation das Ungewisse und Bedrohliche nehmen.

Ich bin keine leidenschaftliche Autofahrerin und habe großen Respekt vor Autobahnfahrten. Ich habe Angst davor, mich im Wirrwarr der Auf- und Abfahrten nicht zurecht zu finden, mich zu verfahren und die Kontrolle zu verlieren.

Vor etlichen Jahren hatte ich eine weite Fahrt an die Nordsee geplant und war schon Tage vorher unruhig und aufgeregt. Mein damals 11-jähriger Sohn hörte sich meine Sorgen dazu an und meinte dann ganz lässig: „Ich weiß gar nicht, warum du so ein Theater machst. Wenn du falsch abfährst, macht das doch nichts. Dann fährst du einfach den falschen Weg erstmal weiter und wir suchen uns wieder die richtige Straße. Was ist denn daran so schlimm? "

Ja, was ist denn daran eigentlich schlimm?

Ich habe mir für diese Fahrt ein Navi geliehen, mir Süßigkeiten als Nervennahrung in greifbare Nähe parat gelegt und abwechselnd meine Tochter oder meinen Sohn als Mut machenden Co-Piloten auf dem Beifahrersitz platziert. Wir haben uns auf dieser langen Strecke tatsächlich mehrmals verfahren und deutlich länger gebraucht, als erhofft, aber ich habe, dank der inneren guten Vorbereitung darauf, nicht panisch oder kopflos reagiert.

Dieses Erlebnis hat mir nachhaltig gut getan. Bis heute frage ich mich in sorgenvollen Situationen oft: *„Was wäre denn der schlimmste Fall, der eintreten könnte und was kann ich dagegen tun? Gibt es dafür dann eine Lösung?"*

NATÜRLICH! Es gibt für fast alle Situationen und Probleme eine Lösung und dieses Wissen beruhigt und macht mich sicherer.

Wie oft habe ich mittlerweile erlebt, dass mir, meinen Kindern oder Freunden diese Methode geholfen hat, schon im Vorfeld die Sorgen auszubremsen und mit einer guten, brauchbaren Strategie im Gepäck , die bedrohliche und Angst machende Situation zu entschärfen.

Für die anstehende Fortbildung hatte ich mir übrigens im Vorfeld detailliert überlegt, wie ich zu den anderen Teilnehmern Kontakt aufnehmen könnte, um eben nicht alleine und unsicher dazustehen , wie damals als 6-jähriges Mädchen auf dem Schulhof. Mein Plan hat wunderbar geklappt, ich musste mich zwar überwinden, aber ich habe nette Leute kennengelernt.

Ich spreche hier natürlich nur von den alltäglichen Nöten und Sorgen, nicht von der Diagnose einer tödlichen Krankheit, Verlust eines geliebten Menschen, von schlimmen Naturkatastrophen, tiefen seelischen Nöten oder zwischenmenschlichen Tragödien.

Aber selbst in diesen schlimmen Situationen kann GOTT noch eingreifen, helfen und Dinge wieder besser oder gut werden lassen, auch wenn alles ausweglos erscheint.

ER ist bei uns und kann das Unmögliche möglich machen!

„Bei GOTT ist kein Ding unmöglich!"
(Lukas 1, 37)

„ Ich bin bei euch alle Tage, bis an der Welt Ende!"
(Matthäus 28,20)

„ GOTT ist unsere Zuflucht und Stärke, ein bewährter Helfer in Zeiten der Not!"
(Psalm 46,2 „Hoffnung für alle")

Kapitel 5

Gott als „Herzschrittmacher" in mir

Nach dem plötzlichen Tod meines geliebten Mannes vor 10 Jahren war ich völlig verzweifelt und es fühlte sich an, als sei mir der Boden unter den Füßen weggezogen worden. Ich stand mit 39 Jahren als Witwe mit zwei Kindern, einem alten Haus und einer kleinen Firma da und wusste nicht, wie es weitergehen sollte. Meine körperliche und seelische Kraft war am Ende, mein Glauben und Vertrauen in Gott sehr brüchig.

In dieser Zeit stieß ich mehrmals auf den Bibelvers aus 1. Korinther 10,13:

> *„Aber Gott ist treu, der euch nicht über eure Kraft versuchen lässt, sondern mit der Versuchung auch ihr Ende schafft, so dass ihr bestehen könnt!"*

Nach „Hoffnung für alle" lautet dieser Vers so:

> *„Gott steht zu euch. ER lässt nicht zu, dass ihr in der Versuchung zugrunde geht. Wenn euer Glaube auf die Probe gestellt wird, schafft GOTT auch die Möglichkeit, sie zu bestehen!"*

Dieser Vers machte mich wütend! Der Tod meines Mannes mit allen Folgen für mein Leben und das meiner Kinder überstieg bei weitem meine Kraft! Immer wieder dachte ich: *„Gleich breche ich zusammen und verblute an meinem gebrochenen Herzen!"* Wie konnte Gott dann in der Bibel sagen, dass er uns niemals über unsere Kraft versuchen lässt? Ich war enttäuscht, sauer und zweifelte an Gottes Glaubwürdigkeit.

Schon als Kind konnte ich schwer mit unerklärten bzw. unverstandenen Fakten leben und einfach eine Sache akzeptieren, deren Sinn oder Inhalt ich nicht richtig verstehen konnte .

So lag ich Gott in den Ohren und forderte ihn immer wieder auf, mir diesen Vers doch zu erklären!

Gott hat mich gehört und meinen Schmerz, meine Wut und meine vielen Fragezeichen gesehen! Als ich wieder einmal mit GOTT um eine Erklärung für diesen Vers rang, hatte ich plötzlich das Bild eines Herzschrittmachers vor Augen. Da ich Krankenschwester bin, weiß ich, wie so ein Gerät funktioniert. In einfachen Worten erklärt, wird ein Schrittmacher dann implantiert, wenn das eigene Herz nicht mehr kräftig genug ist, ausreichend häufig zu schlagen und den Körper mit Blut zu versorgen. Das Gerät wird auf eine, für den Patienten optimale, Herz-Frequenz eingestellt und springt immer dann an, wenn die eigenen Impulse nicht mehr ausreichen. Weder der Patient noch Außenstehende können feststellen, welche Impulse die eigenen sind und welche Schläge vom Herzschrittmacher angestoßen worden sind.

So ist es auch in meinem bewussten Leben mit GOTT: *Er ist in mir implantiert, Er springt wie ein Herzschrittmacher in mir an und gibt mir seine Kraft, wenn meine am Ende ist.*

Ich habe plötzlich durch dieses Bild begriffen, dass GOTT in diesem Vers, nicht meine menschlich kleine Kraft meint, sondern seine große göttliche Kraft, die in mir lebt.

> *„ Meine Kraft ist in den schwachen Menschen mächtig !"*
> *(2. Korinther 12,9)*

„Ich vermag alles durch den, der mich stark macht!"
(Philipper 4,13)

Wenn ich mich bewusst für ein Leben mit Gott entscheide und ihn bitte, die Kontrolle und Führung in meinem Leben zu übernehmen, kommt er mit seiner Kraft, dem Heiligen Geist, in mich hinein und lebt in mir. Damit verschmilzt seine Kraft mit meiner – wenn ich es zulasse!

„Nicht mehr lebe ich, sondern Christus lebt in mir!"
(Galater 2,20)

Der Heilige Geist in mir springt wie ein **Herzschrittmacher** immer dann an, wenn meine Kraft am Ende ist. Er gibt meinem Herzen, meiner Seele und meinem Körper die nötige Kraft, die ich in der jeweiligen Situation brauche.

In der ersten Zeit nach dem Tod meines Mannes dachte ich, ich hätte ein Anrecht auf „Sonderkonditionen". Schließlich hatte Gott mir so viel Leid aufgebürdet, also hatte ich es jetzt verdient, dass er sich besonders um mich kümmert, mir weitere Sorgen erspart und alles für mich regelt. Gefühlsmäßig hatte ich mein Pensum erfüllt und damit ein Anrecht auf weitere Unbeschwertheit.

Aber genau das geschah nicht !

Mein Vater kam ins Krankenhaus, kurze Zeit später auch mein Sohn; der Trockner ging kaputt, der Sturm riss unsere Dachrinne herunter und ich hatte viele belastende Behördengänge zu erledigen. Am liebsten hätte ich mich in Selbstmitleid und Anklage zurückgezogen. Also habe ich Gott immer wieder angefleht, er möge doch alles Böse und Schlimme von mir fernhalten, mir weitere Anstrengungen erlassen oder abnehmen.

Da erinnerte Gott mich an ein Erlebnis aus meiner Kindheit:

Ich bin in einem ganz kleinen Dorf mitten im Wald aufgewachsen. Aufgrund der einsamen Lage fanden dort regelmäßig Manöver der Bunderwehr statt. Panzer, dunkle Zelte und aufgespannte Netze, unzählige bewaffnete und im Gesicht bemalte Soldaten flößten mir als Grundschulkind große Angst ein. Mein Weg zur Bushaltestelle führte jeden Morgen genau durch diesen „Kriegsschauplatz" und ich wollte nicht alleine gehen. So nahm mich mein Vater jedes Mal an die Hand und begleitete mich. Der selbe Weg machte mir nun nichts mehr aus. Die angstmachende Situation hatte sich nicht verändert, aber da mein starker Papa bei mir war und mich beschützte, konnte ich ganz entspannt und ohne Angst mitten hindurch gehen.

Gott lehrte mich damit eine lebenswichtige Lektion und ich empfand plötzlich, als ob er sagte:

„Du kannst alles, wenn meine Kraft in dir ist und ich bei dir bin!

Geh los und ich gehe mit! Ich gehe nicht voraus und räume dir alle Steine weg. Ich packe dich nicht in Watte und erspare dir auch schwierige Situationen nicht, aber ICH BIN BEI DIR! Ich gebe dir die Kraft und den Schutz, den du brauchst!"

Diese Erfahrung habe ich unzählige Male gemacht und sie hat mein Vertrauen in Gott fest und stark werden lassen. Immer wieder machen sich Sorgen in mir breit, aber ich bin mutiger, zuversichtlicher und gelassener geworden. Ich muss mich vor herausfordernden Situationen nicht mehr verstecken und nicht in Panik verfallen, denn GOTTES GEIST lebt in mir als der beste Ratgeber, Tröster und Helfer, den es geben kann.

„Ich vermag alles, durch den, der mich stark macht, Christus!"

(2.Korinther12,9)

„Du bist bei mir !"

(Psalm 23,4)

Es gibt mir eine ganz neue Lebensqualität, diese Aussage Gottes wirklich praktisch im Alltag zu erleben. Wenn meine eigene kleine Kraft schnell erschöpft ist, hält GOTT genug Kraft für mich bereit. Seitdem ich das begriffen habe, erlebe ich zwar immer noch leidvolle und herausfordernde Situationen, aber ich habe nicht mehr so große Angst davor.

„ Zwar bleiben auch dem, der treu zu GOTT steht, Schmerz und Leid nicht erspart; doch aus allem befreit ihn der HERR!"

(Psalm 34,20 „Hoffnung für alle")

Diese Kraft GOTTES, mit der er die Erde erschaffen und seinen Sohn Jesus Christus vom Tod erweckt hat, lebt in mir.

Sollte mir da nicht alles möglich sein!?

Kapitel 6

Gott kennen

Um jemandem vertrauen zu können, muss ich ihn kennen! Ich muss wissen und erleben, dass ich mich auf ihn verlassen kann.

Alle, die GOTT schon kennen, möchte ich hier ermutigen, den Weg vertrauensvoll weiter mit IHM zu gehen, sich auf Gottes Wort zu stützen und es anzuwenden.

Alle, die GOTT noch nicht kennen, möchte ich ermutigen, einen Schritt auf IHN zu zumachen.

Nach 5.Mose 4,28: *„Wenn du den Herrn, deinen Gott suchen wirst, so wirst du ihn finden!"*

Amos 5,4: *„Suchet mich, so werdet ihr leben!"*

Sie haben nichts zu verlieren, sondern zu gewinnen! Sie dürfen frei und ungezwungen mit GOTT reden, sich IHM anvertrauen, IHM alles sagen und erste Schritte gehen im Abgeben und Loslassen ihrer Sorgen.

Nachwort

Während ich meine Gedanken für dieses Büchlein aufgeschrieben habe, kamen täglich neue Herausforderungen in meinem Leben, die mich immer wieder ängstigen und mit Sorgen füttern wollten.

Es gibt eigene Krankheit und schwere Krankheiten von Familienmitgliedern und Freunden. Ein guter Freund ist gestorben und wir vermissen ihn sehr.

Meine beiden Kinder sind gerade im Ausland und oft gefährlichen Situationen ausgesetzt. Die Anforderungen am Arbeitsplatz nehmen zu und so vieles mehr …

Da ist jeden Tag so viel Stoff zum Sorgen und ich bin stark herausgefordert, meine eigenen Erkenntnisse anzuwenden und zu leben.

Ich glaube, ich werde mich jetzt erstmal mit einem Cappuccino auf meinen Balkon setzen, mir diese Gedanken selbst noch einmal durchlesen und dann meinen Sorgen „ade " sagen …

ᏚᏩᏣ

Bibelverse , die mir Mut machen

(Übersetzung nach „Hoffnung für alle" = Hfa /Luther = Lu)

Leitverse:

> *„Überlass alle deine Sorgen dem HERRN! Er wird dich wieder aufrichten; niemals lässt er den scheitern, der treu zu ihm steht."*
>
> *(Hfa Psalm 55,23)*

> *„Ihr Menschen, vertraut ihm jederzeit und schüttet euer Herz vor ihm aus! Gott ist unsere Zuflucht!"*
>
> *(Hfa Psalm 62,9)*

... wenn ich mich schwach fühle:

> *„Ich bin hilflos und ganz auf GOTT angewiesen, aber der HERR sorgt für mich!"*
>
> *(Hfa Psalm 40,18)*

„Aber alle, die ihre Hoffnung auf den HERRN setzen, bekommen neue Kraft."

(Hfa Jesaja 40,31)

... wenn ich verletzt und traurig bin:

„Der HERR ist nahe denen, die zerbrochenen Herzens sind und hilft denen, die ein zerschlagenes Gemüt haben!"

(Lu Psalm 34,19)

„Kommt alle her zu mir, die ihr euch abmüht und unter euren Lasten leidet. Ich werde euch Frieden geben!"

(Hfa Matthäus 11,28)

... wenn mich innere Anklage und Schuld mich drückt:

„Ist GOTT für uns, wer kann gegen uns sein? ......GOTT ist hier, der gerecht macht. Wer will verdammen?"

(Lu Römer 8,31+34)

„Wenn wir unsere Sünden bekennen, so ist er treu und gerecht und vergibt uns unsere Schuld und macht uns rein von aller Ungerechtigkeit!"

(Lu 1.Johannes 1,9)

...wenn ich Angst habe vor Gefahren, Unheil, Unfällen,...

„Denn er hat seinen Engeln befohlen, dass sie dich behüten auf allen deinen Wegen!"

(Lu Psalm 91, 11)

„Der HERR ist mein Licht und mein Heil, vor wem sollte ich mich fürchten? Der HERR ist meines Lebens Kraft, vor wem sollte mir grauen?"

(Lu Psalm 27,1)

... wenn ich mich um mein Auskommen sorge:

„Es ist umsonst, dass ihr früh aufsteht und hernach lange sitzet und esset euer Brot mit Sorgen, denn seinen Freunden gibt er es im Schlaf!"

(Lu Psalm 127,2)

„Mein GOTT wird all' euren Mangel ausfüllen nach seinem Reichtum in Herrlichkeit in Christus Jesus!"

(Lu Philipper 4,19)

„Trachtet zuerst nach dem Reich GOTTES und nach seiner Gerechtigkeit, so wird euch das alles zufallen. Darum sorgt nicht für morgen, denn der morgige Tag wird für das Seine sorgen. Es ist genug, dass jeder Tag seine eigene Plage habe!"

(Lu Matthäus 6,33)

... wenn ich Angst vor Einsamkeit habe:

„Ich will dich nicht verlassen und nicht von dir weichen!"

(Lu Hebräer 13,5)

„Wenn Vater und Mutter mich verstoßen, so nimmst du, HERR, mich doch auf!"

(Hfa Psalm 27,10)

„Ihr dürft sicher sein: Ich bin immer und überall bei euch, bis an das Ende dieser Welt!"

(Hfa Matthäus 28,20)

... wenn ich Angst vor Versagen habe:

„Denke bei jedem Schritt an IHN, er zeigt dir den richtigen Weg und krönt dein Handeln mit Erfolg!"

(Hfa Sprüche 3,6)

„Im HERRN habe ich Gerechtigkeit und Stärke!"

(Lu Jesaja 45,24)

„Befiehl dem HERRN deine Wege und hoffe auf ihn, er wird's wohl machen!"

(Lu Psalm 37,4)

Matthias Jordan

DEIN NEUES LEBEN

Dieses Studienbuch hat das Potenzial, dein Leben prägend zu verändern. Es wirkt wie ein hochdosiertes Breitbandantibiotikum, dass sich von allen krankmachenden Bakterien befreit, die ein gesundes Glaubensleben in Vollmacht und Frucht behindern.
(Aus dem Vorwort von Andreas Herrmann)

Kultiviere das neue Leben, das dir gegeben wurde und lass zu, dass es alle Bereiche des natürlichen Lebens durchdringt. Vermittle anderen dieses göttliche Leben. Diese Welt wartet auf dich!

Matthias Jordan wurde mit 24 Jahren Pastor des Jesus Centrum Kassel. Nach neun Jahren erfolgreichem Dienst erkannte er jedoch, dass seine Leidenschaft für Jesus dabei auf der Strecke geblieben war. Eine Zeit des intensiven „Gott Suchens" führte ihn zu einem Durchbruch in eine neue Dimension mit Gott.

VERLAG GOTTFRIED BERNARD
ISBN 978-3-934771-53-6 · Best.-Nr. 175753

Matthias Jordan

HERRLICHKEIT
Gottes Dimension

Dieses Buch macht es dem Leser leicht, einen eigenen Zugang in die Dimension göttlicher Herrlichkeit und Kraft zu finden. Es weckt den Hunger danach, eine größere Dichte der Gegenwart Gottes zu erleben und eine innigere Beziehung zu Gott zu entwickeln.

Lebensnah beschreibt der Autor tiefe, göttliche Wahrheiten. In dem Spannungsfeld zwischen einem Leben im Geist und alltäglichen Herausforderungen macht uns dieses Buch Mut zu einem Lebensstil, in dem der Himmel sich tatsächlich mit der Erde verbindet.

Matthias Jordan wurde mit 24 Jahren Pastor des „Jesus Centrum Kassel". Nach neun Jahren erfolgreichem Dienst erkannte er jedoch, dass seine Leidenschaft für Jesus dabei auf der Strecke geblieben war. Eine Zeit des intensiven „Gott Suchens" führte ihn zu einem Durchbruch in eine neue Dimension mit Gott.

VERLAG GOTTFRIED BERNARD
ISBN 978-3-941714-21-2 · Best.-Nr. 175521